발자국

정원석 시집

발자국

도서출판 해암

프롤로그

발자국

어디서 왔는지
어디로 가야 할지
알지도 못하는 길을

지금도 가고 있다
홀린 듯
너에게로

| 차례 |

005 프롤로그

봄

부스스 깨어나 달리는 아침의 향기

012 녹연
014 불이(不二)
016 봄날에
018 좋은 사람
021 상사화
022 진달래
024 동화 속으로
026 상족암
028 입춘
030 죽방렴
032 지중해
034 연모

036 철쭉제
038 봄
040 다도해
042 그대여
044 기다림
046 물안개
048 바람의 언덕
050 내 안의 너
052 만남
054 왜
056 소리길
058 비상

발자국

여름

• 쪽빛 가슴에 다가오는 태양의 열망

063 물빛 수채화
064 비밀의 정원
066 엿보기
070 파도
072 해오름
074 태양을 향해
076 개망초
078 범람
080 어떻게 말해야 할까
082 연리지
084 오라
086 모뉴먼트에서
088 빠져들다
089 스며들다
090 백록담
092 세체다
094 바람 속의 외출
096 미치지 않고서야
098 고성
100 파도는
102 일출
104 콜랄보 가는 길
106 가시연
108 황지연에서

| 차례 |

가을

• 푸르름이 다른 옷을 꺼내 입는 사색의 골목

113 혼자만의 독백
114 한 결 같이
116 하늘 산책
118 인생길
120 이미 그렇게 되었더이다
122 옥토버페스트
124 어느 가을날
127 그 가을의 호수
128 비연非緣
131 낙엽
132 만추
134 억새

136 오름
138 단풍제에 부쳐
141 구절초
142 가을이 오고 있다
144 그리움
146 두물머리
148 바람이려나
150 만지오의 울림
152 단풍
154 산굼부리
156 어떤 얼굴
158 사색의 길

발자국

겨울

• 발자국 찍기 좋은 하얀 도화지

163 몽블랑에서
164 겨울스케치
166 해 뜨는 창
168 주사목
170 가슴에 내린 눈
172 겨우살이
174 눈 꽃 아래
176 떠난 후에
178 산
180 자작나무
182 서리꽃
184 겨울을 기다리다
186 헤어진다는 것
188 새해맞이
190 겨울나무
192 원형극장
194 시래기
196 어느 아침
198 눈꽃세상
200 천태산 은행나무
202 눈꽃 따라
204 겨울 아침
206 북위 60도

부스스 깨어나
달리는 아침의 향기

녹연

푸른 빛 감도는
그대 심원을 서성이며
떨어지는 빗방울처럼
흔적 없이 녹아든
내 영혼의 행로를 따라서
그리움이 물안개로 분장하고
모락모락 피어 오른다

지울 수 없는 흔적을 좇아
추억 속의 길를 따라가지만
살랑거리는 물결만 남겨둔
허전함
뺨 위를 스치는
그대의 숨결 느끼며
바라보는 조그만 연못엔
투명한 물빛 위로
아련한 그대의
뒷 모습만 투영되고 있다

- Lago di Carezza에서

불이不二

빈 가슴
그리움의 숲길에서
사색에 잠긴
오후의 창문을 지나
잠든 그대의 심원을 향해
풋사랑처럼 숨어든다

어둠 걷히고
질투하는 풍랑이 지나가면
세월의 그림자에 기대어 선
광야의 외톨이
기로의 어둠 걷어버리고
고요한 그대의 가슴
푸른 호수 속으로
가만히 빠져든다

전하지 못한
한마디는
기어이 말하지 못하고
숨죽여 스며 든

그대의 품속에서
나지막이 외쳐본다

그대
변함없는
영원한 사랑이라고

봄날에

봄날 햇볕은
처마 눈썹을 녹이고
들뜬 새싹이 흙을 뚫고 나오듯
한올한올
그리움은 영글어
활짝 핀 꽃잎
물결 위에 살며시 내려 놓아요

나풀거리는 줄기 끝에
새초롬 입술이 열리고
벅차오르는
그리움이 가득 차오르면
폭발하듯 하늘을 가득 채운
벚꽃더미
행복한 구름 위를 노닙니다

붉은 단심이 스며든
봄날의 숲길에
몽글몽글 피어오른 수줍은 이야기

안개비 흩날리듯 떨어지는
꽃잎 타고 흐르고
그대의 예쁜 얼굴은
여전히 꽃길을 걷네요

좋은 사람

머물고 있는 곳이 어딘지
가는 방향도 알지 못한 채
거친 방랑길 함께 하고
가식적인 농담에도 화답할 줄 아는
당신 참 좋은 사람입니다

서쪽 하늘 환하게 밝히는
붉은 태양의 가슴 속에
뜨겁게 타오르는 불꽃처럼
포근하게 다가오는 당신 품은
정말 따스한 봄꽃입니다

때론 작은 기쁨에 환호하고
간혹 허허로운 일을 만날지라도
묵묵히 나의 곁을 지키는 사람
머나먼 인생길을 밝히는 빛이 될
유일한 사랑입니다

- 와이키키 해변을 스치는 님의 그림자

― Iseltwald에서

상사화

발길이 닿지 못하는
저 건너
그대가 머물고 있을 것 같아
조심스레 불러보는 외침에
이내 향기로운 소리로
대답하여 주는 것 같아요

파르르 떠는 호수에
동그랗게 퍼져가는 파문
그 너울에 실려 들려오는
그대의 목소리
한 낮의 세레나데를 완성하며
물 위를 미끄러져
다가옵니다

짜릿한 입맞춤에
화들짝 놀란 그대의 음성
푸른 물결 속으로 녹아들고
주체할 수 없이 배회하다
머물 곳을 찾지 못한
나의 그리움은
그 뒤를 따라 갑니다

진달래

밤새
갈무리한 그리움
아침 이슬에 녹아
그 붉은 입술이
맑은 향를 피워 올린다

봄바람에 뒤척이는
가냘픈 몸부림은
길게 나누지 못할
인연의 아쉬움을 아는지
파르르 떨리는 꽃잎 사이로
짙은 애수가 베어난다

간절한 바램은
반짝이는 햇살 따라
산기슭을 어슬렁거리는데
하염없이 가슴에 묻어둔
그리움이 피어올라
온 산을 붉게 물들이고 있다

- 마등산의 봄

동화 속으로

번뇌와 욕심을 버리고
가만히 들어가고 싶다

세상사 모두 잊어버리고
맑은 마음으로 바라보면
저렇게 천진스런 모습으로
모든 이의 가슴 속으로
다가갈 수 있을까

때 묻지 않은
순수한 손으로 구현한
머나먼 꿈 속 나라의 놀이터
동네 한 바퀴 돌아가며
나를 향해 손짓하고 있다

저 하늘을 떠다니다
이 언덕에 내려와
어둠의 심판자가 되어버린
상상 그 너머의 세계
동화 속으로 빠져 든다

- 바로셀로나 구엘공원

상족암

푸른 바다
눈이 시려 오고
들려오는 바람 소리마저
귓전에 와서는
움직임을 멈추는
남해안 어느 작은 포구

수 억 년
역사가 세상 빛을 쬐면서
공룡의 놀이터를 그려내고
대지를 받치는 기둥이
보란 듯 튀어 나와
위용을 과시하는
주상절리

해안을 싸고도는 송림이
수줍은 손수건 마냥
살포시 떨어뜨린 은빛 백사장
출렁거리는 물결 옆으로
주름결 땅거죽에
가지런히 찍힌 발자국

그 길 따라 간 자리에
바닷물에 다리 담그고
저 너머 수평선 바라보며
밀려오는 파도 소리에
화답하는 동굴의 하울링
바다에 서서도
바다가 그리운 상족암

입춘

매화 봉오리
팽팽 물올라
터질듯 부풀어
시의 운율에 빠진 듯하니
이제 바람 끝 무뎌지고
봄이 가까웠나 보다

잔설 비집고
파란 풀잎 돋아난 것 보곤
철없는 새싹들의
일탈인 줄 알았는데
고개 들어 앞을 보니
대세가 해빙이라
봄 낭자의 향기 슬쩍 지나간다

살금살금 들킨 봄의 발자국
담벼락에 기대어 서성이지만
입춘대길건양다경

시계탑 종소리 고해성사를 마치면
매화 그늘 대폿잔
술 비우는 소리 잦아지고
시인 묵객
개나리봇짐 푸는 소리
꽤나 덜거덕거리겠구나

죽방렴

쏜살같은 물길 헤치고
내 마음 휘어잡고서
도망가지 못하게
겹겹이 가두어 놓은
그대는 헌터

사랑의 화살
날아간 자리에
서성이다 빠져드니
탈출구를 봉쇄해버린
그대는 새침때기

가슴 깊이 파고들어
태산 같은 무게로
빈 틈 없이 막아서서
꼼짝 못하게 붙들어 둔
그대는 욕심쟁이

- 남해 창선대교에서

가는 세월도 무색하게
인생의 바다를 헤엄쳐
찾아간 나의 감옥
출구 없는 울타리
그대는 죽방렴

지중해

남국의 향기가
여인의 체취처럼 스쳐 지나고
나지막하게 흐르는
뮤즈의 선율 옆으로
프로방스의 강줄기들이 달려와서
머리를 풀고 있는
실락의 정원이어라

검은 몽돌이 구르며 남긴
후리소리에 취한 파도
역동의 날갯짓을 하고
점점이 떠 있는 돛단배
하늘거리는 꼬리를 흔들며
모래 위에 남겨진 발자국을 향하여
유혹의 손짓을 한다

푸른 전설이
살아 숨 쉬는 생명의 터전 위에
하루의 역사를 짊어지고

- Nice의 물가에 서다

떨어지는 태양도
가만히 어루만지며 지나가는 길
지중해의 맑은 물이 화답하며
금빛 미소를 보낸다

연모

소리 없이 빠져나가
빗살같이 달려가자

새파란 하늘가
불덩어리 달고 날아가는 혜성이
차가운 얼음동굴 속으로
꼬리를 자르며 사라지더라도
통곡하는 사시나무 숲 건너
풀 먹인 연줄 튕겨 달려 나가듯
그대에게로 가자

솟구치는 하늬바람에
찢어질 듯 팔랑거리며
몸부림치는 그리움
물보라 남기고 떨어지는 폭포수처럼
하염없이 허공을 헤매다
천 길 나락으로 빠지더라도
무서리 앉은 골짜기 가로질러
질풍노도 같은 기세로
그대에게로 가자

정처 없이 떠돌다
가던 길 멈추고
쌓인 설움 쏟아버린 먹구름이
무지개 뒤로 숨어들며
미처 전하지 못하고 묻어둔
울긋불긋 그리움의 흔적
사랑 꽃 펼쳐진 푸른 언덕
피안의 세계
그대에게로 가자

철쭉제

스쳐 지나간다고
아쉬워 말라
비록
내일의 약속은 없었지만
오늘 이 순간
모든 폭발을 이루리라

오로지
하루의 개화를 위하여
삼백육십 날을
풀 섶에 묻고

모진 겨울 건너서
오늘을 기다렸다

어둠을 뚫고
온 산을 뒤덮으며
하늘 향해 부르짖는 외침
나
여기 왔노라
그리고
단 하루의 사랑일지라도
온 몸으로 불태우리

– 황매산에서

봄

기억 속엔
이미 지워졌지만
아주 가버린 것은 아닐까
초조함 속에 찾아보니
향기로운 그녀의 체취는
아직 머물고 있었다

얼어붙은 덤불
미적거리는 추위에 지쳐갈 때
언덕 너머 푸른 물빛 뿌리며
찬비에 어깨 적시면서
쉴새 없이 가슴을 두드리는
싱그런 초원의 노래

잔설 쌓인 동토 위로
잠자는 복수초 앞세우고
아지랑이 한들거리는 들판
환한 햇살 풀 빛
떠났던 옛사랑 돌아오듯
봄은 살포시 다가온다

다도해

멀찍이 마주보고 있어도
알만한 사이 같은데
시린 파도에 가로막혀
서로 다른 길을 찾는다

돛배의 미끄러짐이
물결을 가르며
오후의 햇살을 뚫고 가면
발 아래 하얀 거품
솜털처럼 다가와 스러지고

뚝뚝
떨어진 동백꽃 사이로
동공을 흔들며 다가오는
그리운 봄의 발자국
얼어 붙은 마음 녹여 줄
바람이 분다

너의 미소
발갛게 타오른다

그대여

별 빛
질풍노도로 휘몰아쳐
그대 가슴을 아려도
그 속에 숨어 든
나를 바라보라

비탈진 저잣거리에
한숨 같이 흘러내리는 외면이
그대를 감고 돌아도
한 줌 빛줄기 따라 온
그림자 속의 나를 보라

비 떨어진 오후
호들갑스런 변죽이 계면쩍어
그대에게 어색한 미소를 보낼지라도
물방울 하나하나에 녹아 든
나의 눈동자를 보라

터져 오르는 활화산 위에
솟구치는 그리움을 움켜쥐고

그대의 정원에 갇혀 이글거리는
불덩이리 보다 뜨거운
나의 가슴을 보라

- 제주 용머리 해안

기다림

기다림이 숙성되면 그리움
그리움의 열매는 사랑
기다림이란 사랑의 오작교
기다림은 인내의 상징
기다림의 시간은 추억을 엮는 공간

님의 소리 다가오는 그늘 아래
살포시 피어나는 아련한 향기
설레는 마음으로 나서는 기다림
가만히 눈 감고 기다리는 입맞춤
기다림은 지루하지만 달콤한 것

텅 빈 바닷가에서 하염없이 기다리다
망부석이 되어버릴지라도
기다리는 순간은 희망을 품고 있기에
지치지 않고 기다릴 수 있는 것
인생은 영원한 기다림

- 영종도 포구에서

물안개

하얀 입김 불어대며
추운 아침을 맞이하고
떠나야 하는 아쉬움에
마음이라도 남겨 두고 싶어서
수면 가득 안개 피워 올린다

뜨거웠던 어제만큼
해야 할 이야기도 길어지고
차디찬 새벽에 올려놓은
물안개의 포근한 애무가
흘러가는 강물의 미련을 달래준다

물새 지쳐 부서지는 물결
솜털 같은 촉감으로 쓰다듬으며
초연히 이별을 맞이하는 물안개
아침 햇살 아래 눈부신 춤을 추며
흐르는 강물 밀치고
홀연히 먼 길을 떠난다

바람의 언덕

언제나
그리움 가득
닳아빠진 가슴 안고
모퉁이를 지키고 있지만
기약 없는 세월만
바람결 따라 스쳐 간다

철없는 파도
하얗게 다가와
발 아래 철썩일 때
무심한 바람
그 옆에 가만히 머물다
길 잃은 이정표가 흔들린다

저 바다를 향하여
부르짖는 흐느낌
잿빛 안개 아래로 스미고
대답 없는 언덕 위에는
세찬 바람만
빈 가슴을 흔들고 있다

내 안의 너

떠나간다고 나서는
뒷모습
저만치 멀어질 때까지
멀뚱이 바라보고 있지만
너는 나의 일부였다

단지
한 때의 엇갈림이었을 뿐
아직도 뼛 속 깊이
너를 그리며 살고 있는데
석양 지는 수면 너머로
홀연히 멀어져간
너

한 모금 호기로
내 곁을 박차고 떠나갔지만
질긴 인연의 뿌리
가지 끝에 묶인 연실처럼
보내지 못하는 건
너는 바로
나이기 때문이다

- 비양도 바라보며

푸른 물빛 위
바람에 가로막혀
흐려진 눈망울에도
멀리서 떠오르는 오랜 기억은
여전히 너는
내 안의 너이다

만남

우연인 듯 보이지만
그것은 기다림의 보상으로
소리 없이 다가온
필연이었다

애태운
나날의 길이만큼
뜨거운 갈망이 엮여서
알알이 부딪히는 햇살마저
품어서 감추었는데
부끄러운 속내가
어색한 외출을 한다

맑은 물 돌아가는
느티나무 가지 끝에
오롯이 걸린
은비늘 달빛처럼
스치는 바람에 그리움 실어
오매불망 애타는 기다림
넓은 물길을 적신다

기다림이 필연이라면
만남은 기적의 어울림
석양에 기대어
정처 없이 날아가는
기러기의 날개짓 아래
오늘도 두물머리에서는
끊임없는 만남이 태어난다

왜

떠나려 하니
자꾸만

—피사의 사탑 보며

소리蘇利 길

깨우침을 얻어가라 했는데
깨우치지 못함은
나의 게으름으로 인해
수련이 부족하기 때문이고

가만히 보고만 있어도
깨닫게 되는 것은
자연의 위대함이 인도한 것이다

- 해인사 소리길 걸으며

비상飛上

움츠린 가슴을 펴고
활짝 열린 세계를 찾아
창공을 힘차게 날아오르는
무지갯빛 이상

너울거리는 하늬바람 타고
고뇌하는 대지를 떠다니며
얼어붙은 사막의 가운데
잠자는 꿈들을 깨운다

나지막하게 다가온
망망 바다에
힘들었던 기억은 띄어 보내고
희망의 돛대를 세워 올린
한겨울의 방랑자

찬바람 몰아치는
언덕을 넘어

- 거제 해금강에서

아득한 저 하늘 향해
지치지 않는 날개 짓으로
힘찬 비상을 한다

여름

쪽빛 가슴에
다가오는 태양의 열망

- 이끼폭포에서

물빛 수채화

파란 도화지 위에
투명 물감으로
힘찬 필력을 뿜어내다
살짝 돌려서 섬세한 선을 긋는다

산노루 지나간 자리에
피어난 이끼 적시며
흘러가는 물길 따라
알알이 피어나는 풍경

떨어지는 물방울
반짝이는 시간의 흔적
헤어나지 못하고 맴도는 그늘 아래
운명처럼 태어난 불멸의 산수화

비밀의 정원

살포시 열어젖힌
부끄러운 젖가슴 안쪽으로
하얀 실타래처럼
늘어선 오솔길
순결의 원시림에 맞서
초면의 어색함에 기웃거려보지만
이내 마음의 경계를 허물고
그 안으로 풍덩 빠져 든다

치렁거리는
머리 결을 흔들며
아닌 척 다소곳 서서
뚝 뚝 떨어진 꽃잎이 무색하게
그 고운 자태로 다가오는
동백나무의 육감적 유혹에 못 이겨
모든 것 다 내려놓고
주위를 맴돌며
빼앗긴 마음을 찾고 있다

죽죽 뻗어 올라간
대나무 숲
남국의 멋스런 모습에

– 푸른 물결에 잠긴 지심도

샛바람으로 화장하니
눈부시게 반짝이는 피부
스치는 봄 향기를 음미하며
가만히 귀 기울여
빈 나무를 타고 오르는
물의 흐름을 느껴 본다

바닷물에 잠긴
섬의 역사를 간직한 채
억센 바람 마주하며
해파랑 언덕을 지키고 선 곰솔
반갑게 소리 내어 들려주는
지난 얘기를 뒤로하고
돌아서 오는 길
햇살마저 들지 못한 숲 속
그 고즈넉한 어둠 속으로
변함없는 파도소리만
외톨이 작은 섬의 정취를 지킨다

엿보기

바닷물 아래
물고기와 바위풀이 어울린 숲 속
속세에 전해지지 않은 낙원
심산유곡의 또 다른 세상

폭발한 분화구가
깊이 수장되어 감춰져서 살아온
기암괴석의 계곡
백두산과 한라산 아래
천지와 백록담을 비롯하여
만장굴 위로 홍도까지
고스란히 옮겨진 풍경

그 아름다운 산하를
유유히 돌아다니는
남국의 물고기
바위와 입 맞추어 이끼도 뜯고
동굴을 들락거리며 숨바꼭질하다가
거북까지 어울리니

더 흥겨운 놀이터
좁은 협곡 헤쳐 나와
광장의 햇빛 아래
모래톱을 파헤치며 뒹구는데
무리지어 달려와서
순식간에 방향을 틀어가는
전차부대의 위세에
화들짝 놀라 숨기도 한다

살짝 들여다 본
용궁의 모습
아름답고 경이로움에 빠져 있는데
안마당을 모두 들킨 바다는
괜한 투정에 몸을 비틀어
파상적인 물결로
등을 흔들어 떠민다

Hanauma bay, Shacks cove
Snorkeling을 즐기며

파도

인연의 무게를
저 파도에 실어 보내면
바다가 비좁아 넘쳐흐르리

기나긴 세월 지나며
바위가 부서져서
모래알이 된다 해도
변함없는 그리움은
멈출 줄 모르는 파도 위를 떠돌며
터지는 포말 따라 피어나는
물안개처럼
끊임없이 다가오네

파도야
지나는 길에
바다 같은 나의 사랑 만나거든
사모하는 이내 마음
일렁이는 물결 속에 품어 가서
내 님의 외로운 가슴 속 깊은 곳에다
서리서리 심어주렴

- Hawaii 깊은 태평양 바라보며

해오름

상념의 호수를 건너
푸념 속을 맴돌다가
한 밤을 새우며 잉태한
밀알 같은 염원
하나하나 삐져나와 허공을 떠돈다

저 하늘가를 수놓으며
붙박이처럼 자리하고 앉은
천 년을 지켜갈 약조
쏟아지는 빛줄기 타고
앙금처럼 엉기며 도드라진다

무너져버린 줄 알았던
심장의 고동 소리
소망의 언덕을 떠나지 못하고
시선의 끝 언저리에서
범종의 여운처럼
은은하게 울리고 있다

- Maui Haleakala 정상 3000m 고지에서 뜨는 해를 바라보며

침묵의 바다를 건너
어둠을 밝히는 화톳불
하늘 가득 떠올라
수정처럼 맑은 향기 피우며
텅 빈 가슴을 채운다

태양을 향해

스쳐가는 인연이라서
쉬이 떠날 것 같지만
아득히 떨어져간 계곡 아래에
억겁의 바램이 지나가고
민낯으로 세월의 언저리를 돌아
무심히 마주친 눈동자를 앞세워
태양의 축제가 펼쳐진
저 언덕으로 달려간다

주름진 질곡의 마디마다
그 나름의 역사를 새기고 있을테지만
보는 이 눈에 비치는 건
오로지 드러난 무늬 뿐
무거운 그 옛날의 기억은 묻어버리고
저 넓은 세상을 향해 외쳐 부르자
광활한 대지에 뉘어진 운명
걸어온 발자욱이라고

일 만리 먼 길 쉼 없이 달려
뒷모습마저 아득한 그곳에
내가 잠든 사막의 한 가운데 서서

- Gland Canyon 위에서

떨어지는 이슬을 만류하며
절벽 끝에 세워 놓지만
끝없이 노래하련다
콜로라도는 여전히
그랜드캐니언을 애무하면서
태양을 향해 가고 있다고

개망초

훌뿌려진 별들이 반짝이며
유유히 녹음 위를 떠돌고
안개 사이에 새어나는 불빛처럼
허공으로 쏟아내는 갈망
초점 잃은 눈동자에 절절히 묻어나는데
가려진 내심이 들킨 것 같아
부끄럼 깊이 사려
나 몰라라 손사레만 지른다

오뉴월 뜨거운 햇볕 아래
오매불망 기다림의 외침
아지랑이 되어 정수리에 피어오르다
지저귀는 참새의 날개 짓에 흩어져
푸른 수풀 속으로 잦아들면
지나가는 바람결 따라
밀 익는 언덕배기를 뒤덮고 흐르는
그리움만 뜨겁게 불타오른다

범람

억겁의 세월을 건너며
쏟아지는 사랑
대지의 가슴에 깊은 흔적 남기고

넘쳐 흐르는 여울
하염없이 흘러 내린다

자욱한 물안개 아래
무지개 빛으로 피어난
가슴의 고동 소리

물줄기 타고 오른다

- Krimml 폭포 아래서

어떻게 말해야 할까

풀잎을 타고 흐르는 이슬
가득 채우고 있는 여심
길 위를 나뒹구는
거친 낙엽 부스러기가 저지른
실종된 철딱서니 땜에
그대 호숫가 파랑이 인다

봄날 피어 오른
아지랑이 속을 거닐 때
청아한 물소리 같은 속삭임
영혼을 녹여낼 달콤함을 담았지만
지척 간을 건너며
말 꼬리가 변이를 일으키면
불식간에 가시가 박히고
서로의 가슴에 생채기를 판다

부주의한 말 한마디로
생겨난 핏빛 설화
지워지지 않는 상흔을 덮으려
온갖 회유와 설득을 시도하지만

한 방울 먹물
열 섬의 맑은 물로도 씻을 수 없으니
어렵고도 괴로운 난제로다

어떻게 말해야 할까

연리지

허공에 내민 가지 끝에
이슬 한 모금 흘려보내며
희미하게 바래져가는
세월을 건넌다

텅 빈 하늘가
홀로 남겨진 공허함에
갈망의 손을 가만이 흔들어 보니
흩날리는 비바람 사이로
그대의 온기 스쳐 간다

바람에 다 담지 못한
질긴 인연의 마찰력
그윽히 이끌리는 숙명으로
그리움 녹여 붙이며
시나브로 하나가 되었다

- 제주도 비자림에서

오라

내 마음 모두 비워
한 아름
그대 맞으리라

기다림에 터져나간 가슴
그대 향기로 가득 채우고
고독한 하루
깊은 산모퉁이에
간절한 연모의 샘물로
피워 올린 꽃 길
오로지 그대에게로 향한
그 길을 따라
그대여 오라

망부석 굳은 자리
절벽 끝 언저리에
지나가는 길손 하나 없는
태양의 만찬 아래
홀로 남겨진 외로움
스치는 바람결에 느껴지는
그대 숨결

흘러가는 구름 조각에
그리움의 연서 실어 띄워 보내니
그대여
내게로 오라

— Arches National Park에서

모뉴먼트에서

하얀 바람 타고
콘돌이 하늘 높이 날개짓하고
인적 없는 사막 가운데
홀연히 나타나 솟은
붉은 성채

바람의 도움 없이 오를 수 없는
절벽 위 어디선가
고뇌하는 인디언의 모습
검은 그림자 길게 늘어뜨리며
석양 속으로 사라지고

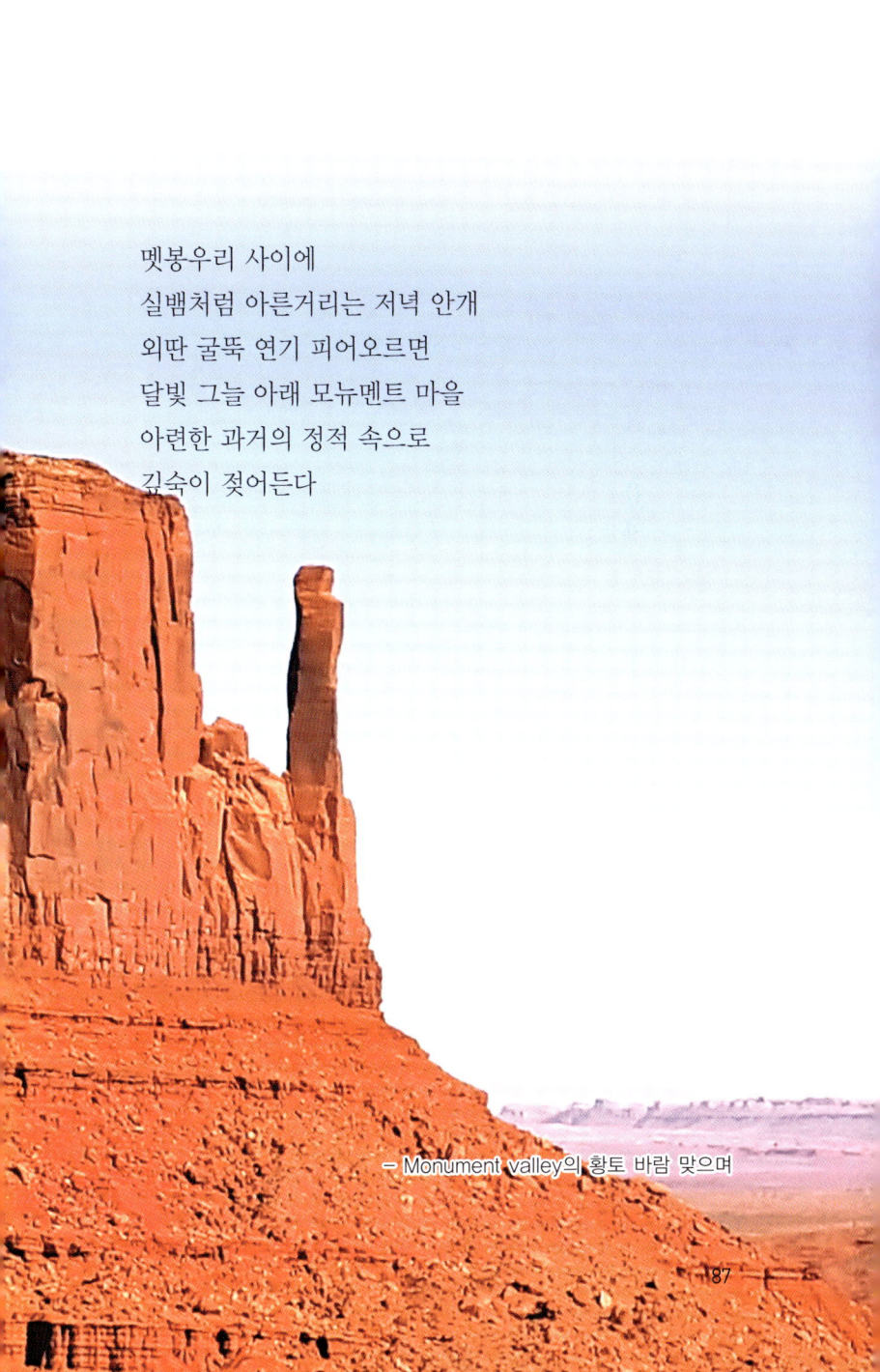

멧봉우리 사이에
실뱀처럼 아른거리는 저녁 안개
외딴 굴뚝 연기 피어오르면
달빛 그늘 아래 모뉴멘트 마을
아련한 과거의 정적 속으로
깊숙이 젖어든다

— Monument valley의 황토 바람 맞으며

빠져들다

빈 가슴 가득 채우고
폭포처럼 쏟아져 드는 숨가쁨
삼백 예순 날을 쉼 없이
흘러들고 있다

-재인폭포에서

스며들다

보통은
물이 틈새로 스며든다

여기선
집과 길이 바다 속으로 스며든다

도무지 조화되지 않은 만남

물의 나라에는
집집마다
물에서 나와
물로 들어가는 문이 있다

- Venezia에서

백록담

용오름 잦아들고
솟구치는 화염 속으로
폭발하는 분노가 지나간 후
재만 남은 빈 가슴에
깊이 새겨진 상흔

움푹 패어버린 허전함 위로
수정 같은 이슬
방울방울 흘러서
아픈 상처 덮어가며
뒤섞이며 빚어져
저 아래 가마득한 곳에 가득 고인
푸른 옥빛의 감로주

피어오르는 물안개
호면에 깔리면
감춰진 전설이 찾아오지만
하늘 아래 가장 높은 곳에
켜켜이 쌓여가는 고독

다만 스쳐가는 바람 뿐

세체다

비밀의 장막이 걷히고
한 줄기 빛이 찾아오길레
떠나려던 케이블카에서
황급히 뛰어내려 달려가니
아
숨막히게 다가오는
그대의 모습

헝클어진 머리카락
머플러처럼 하늘거리는
안개를 젖히며
저만치에서 미소짓는
그 하이얀 유혹에
멈추지 못하는 심장의 고동
정녕 이 땅의 끝
경계선에서 만나는 풍경
형이상 그 너머의 세계
세체다

– Seceda in Urtijei

바람 속의 외출

심중에 묻어둔 깨알 같은 소망
하나 둘 옷 벗고 깨어나
들꽃처럼 온 누리에 자리하고
언덕 위에 걸린 구름 타고 온
그리움이 마디마디 맺혀
지워지지 않는 외침으로 남았다.

함께 한 추억은 햇볕에 녹아
이슬처럼 산화하여 사라지고
깊은 골짜기에 장승처럼 남은
끈질긴 인연의 절규
휘몰아치는 바람 타고
절벽 위를 오르내린다.

선홍빛 붉은 암석 속에
화석처럼 살아온 세월의 그림자
바람과 함께 흩어지다가
깎이고 다듬어진 아름다운 기다림
자연의 조각상으로 태어나
세상에 드러내고 외출을 한다.

― Bryce Canyon에서

미치지 않고서야

하얀 옥돌 사이로
푸른 안개가 그림처럼 스미고
조각조각 잇대어 맞물린
영혼이 살아있는 그림

속세의 미력으로는
이룰 수 없고
범인의 눈으로
해안할 수 조차 없는
이 기적의 신전은
누구의 집념이었을까

인간의 한계를 넘은
예술의 경지에
천상의 손길이 스민
그 경이로움이란
신의 영역을 들락거리는
원죄를 감내하면서
미치지 않고서야 어떻게
…….

- Fantastic Frenze Duomo

최후의 심판은
결국
하늘 가운데로 떴다

고성

붉은 벽돌은
옛 사람의 숨결을 머금고
천 년 세월의 고색을 발하며
묵묵히 잠들어 있고

바람에 시린
어깨죽지를 드러낸 담장은
지난 세월의 영욕을 회상하며
담쟁이 덩굴만 눌러쓰고
언덕배기에 서성이는데

포도 송이 익어 떨어지는
가을의 한 모퉁이에
외로운 옛 궁궐이
따가운 석양의 애무를 받으며
토스카나의 넓은 평원을
바라보며 오수에 잠겨 있다

– San Gimingnano에서

파도는

가슴 깊은 곳에서
끊임없이 솟구쳐 오르는
그리움의 절규
절제할 수 없는 이끌림으로
그대 향해 달려간다

일렁이는 갈망은
수면을 가득 채우고 있지만
준비되지 않은
인연의 톱니바퀴는
깊은 마음의 생채기만 남기고
산산이 부서져
바다 속으로 가라앉는다

부딪히며 쏟아낸
수많은 밀어도
하얀 포말 속에 휩쓸려 멀어지고
뱉어내지 못한 고백
가슴 속에 남긴 채
기약 없이 맞이하는
이별의 아쉬움

파도는
그 무거운 마음의 응어리 품고
또 어디를 향해 가고 있나

- Oahu 절벽 아래에서

일출

어둠 걷히고
찬란한 해살 비치면
못내 기다리며 서운했던 맘
씻은 듯 사라지고
행복은 비상의 날개에 실려
해에게로 빠져든다

짙은 구름이불
개어 놓고 나오느라 늦었는지 몰라도
어느새 꽃단장 하고
어둠을 헤집으며 피어나는 모습에
벅차오르는 감동 주체하지 못하고
한없이 붉은 미소를 반사한다

오들들 떨면서 기다린
인내의 소중한 선물
밝게 비치는 저 희망의 물결 따라
가슴 가득 경탄과 환희의 소용돌이 안고
휘청거리는 금빛 물결 위로 뛰어들어
다가가는 해님맞이

콜랄보 가는 길

미리 익은 와인 향기에
찻길이 취해 갈 짓자 춤을 추고
빼곡하게 들어선 삐딱밭에는
탐스런 포도송이 주렁주렁 열렸다

뽀오얀 안개를 뚫고 내비치는
산막의 굴뚝에 연기 피어오르고
젖은 지붕에서 떨어지는 물방울
가을의 우수가 가득 밀려온다

산길이 넘어가는 높은 언덕 위
조그만 예배당에서 울리는 종소리
알프스 계곡을 따라가며 울려 퍼지고
저녁놀에 젖어드는 초원
멀리 소 울음소리에 묻혀간다

- Bolzano에서 Collalbo가기

가시연

자색 꽃잎이 하늘 향해
첫 미소를 피워 올린 날
뒤돌아 보는 눈가에
짙은 회한이 다가온다

운명을 뚫고 솟아오른
억센 삶의 굴레에서
가시 외투는
강인한 모정의 표상이다

이 한 송이를 피우기 위해
애태운 수많은 나날들
기다림의 끝에 맞이한
가시연의 환희
맑은 이슬에 녹아든다

황지연에서

황지연
용출하는 샘물은
구비 구비 낙동강을 흘러
칠 백 리 여정을 적시며
남해로 스며들고

내 가슴에 품은
일편단심
백년을 한결같이
그리움의 낙숫물 되어
그대에게로 흐른다

가을

푸르름이 다른 옷을
꺼내 입는 사색의 골목

- Neuschwanstein 바라보며

혼자만의 독백

혹시나
마음의 빗장을 열어줄지 몰라
소리내어 불러 보아도
그대는 저 멀리
고고한 모습으로
지켜보고 있더이다

한 줌 단심을 불살라
가을 편지를 띄어보아도
흐트러짐 없는 모습으로
그 자리에 서 있을 뿐
미동조차 보이지 않는 그대

가마득 높은 곳에 머무는
그대에게
다다르지도 못할 하소연
실타래처럼 풀어 놓고
그리운 그 모습
바라본 기꺼움만 가슴에 품은 채
아쉬운 발걸음 돌리면서
수북하게 쌓인 낙엽
가만히 밟아 본다

한 결 같이

찬 이슬 내리는 계절이면
어김없이 찾아와
내 가슴에 모닥불을 지피고
숨기고 싶은 순정을
살그머니 꺼내어 펼치며
다가왔다 멀어지는 너

못 다한 말이 떨어져
꽃비처럼 바람에 흩어지며
아련하게 베어난 추억 한 자리
땅바닥에 떨어져 뒹구는
어색한 만남 속에서도
변함없이 쏟아지는
천 년의 속삭임

길 위에 넘실거리는
금 빛 은행 잎의 물결
그 아래 묻어 둔 오늘의 편지
또 한 해가 돌아오면
샘물처럼 사연이 흘러 들겠지만

그리움의 덤불 속에서 피어난
서툰 사랑의 노래가
밤하늘 별을 향해
노랗게 익어간다

- 용문사 은행나무

하늘 산책

구름을 타고
눈 시린 하늘 만지며
비탈진 산길
부서져 내린 돌덩이조차
사각대는 촉감

푸른 영기가 감싸고
찌를 듯 솟아오른 봉우리
새들도 발붙이지 못한
그 가파른 벽에 기대어
거친 숨이 잦아든다

기다린 만큼의 깊은 사랑
뼈 속 깊이 느끼며
달려나간 눈 앞에
아
정말 잊을 수 없는 인연으로
눈 앞을 가득 채운
장엄한 그 모습

-Dolomite의 심장부
Tre Cime di Lavaredo 걷기

인생길

산다는게
만만한 일이 어디 있으랴
난관을 뚫고 헤쳐가도
돌고 돌아가다가
멈춘 후에야
나타나 보이는 흔적
개미가 집을 찾아가듯
더듬어 걸어가는 길
방향만 맞아도 다행인 것
요동치듯 변해가는
쉽지 않은 그 길 위에서
오늘도 나침반 하나 없이
비틀거리며
따라갈 수 밖에 없는
고갯길 위의 삶

– Hochalpenstrasse를 달리며

이미 그렇게 되었더이다

코끝을 스치는 바람이
내게만 그렇게 매정한 줄만 알았는데

세상이 변해가는 줄 모르고
내 머리만 왜 이렇게 희어지는지
자꾸만 타박했는데

숲 속에 가서 보았네
삼라만상이 세월을 머금고
변해 간다는 것을

가을이 익어가는 소리에
나뭇잎은 벌써 옷 갈아입고
온 산을 붉게 물들이고 있는 것을

- 화담숲에서

옥토버페스트

반짝이는 불빛 아래
알프스 골짝을 탈출한
디른들을 좇아
레더호젠 구름처럼 모여서
바이에른 너른 벌판을 가득 메우고
한 잔 취기가 더하여
떠들썩 동네 굿판을 벌인다

광장 가득 넘치는 홉의 향기 속에
터질 듯한 음악 소리
흔들리는 인파의 물결
경쟁하듯 들이키는
시원한 맥주의 청량감에 빠져
차가운 밤바람 밀어내고
뜨거운 열풍을 불어 올린다

한 해 수확의 기쁨을
감사하며 즐기는 축제
빙빙 돌아가는 무대를 따라
흐트려 보는 치기의 일탈

마주보며 외치는 환호성
깊어가는 가을의 메아리 되어
밤하늘에 쏘아 올린다

* 옥토버페스트(Oktoberfest) : 매년 9-10월 뮌헨에서 열리는 세계 최대 맥주 축제
* 디른 : 알프스 지역 여자 전통 의상
* 레더호젠 : 알프스 지역 남자 전통 의상
* 바이에른 : 독일 남부에 뮌헨을 주도로 품고 있는 주 이름
* 홉 : 맥주 효모 원료

어느 가을날

햇살이 부서지는 호수
가을의 바람이 스며드니
푸른 물가로 노을이 물들고
허공을 떠다니던 그리움
재잘거리는 물결에 휩쓸려
어딘지 모를 길을 나선다

환히 빛나는 저 편
끝 모르게 뻗어간 수평선에
공존하는 쓸쓸함은
계절이 보내는 암시인지
오후의 적막감이
정지화면처럼 얼어붙었다

눈이 시려
바라볼 수 없을 정도로
투명한 쪽빛 위에
나풀거리며 떨어지는 낙엽
가을을 대변하기 위한 듯
모두 떠나고 남은
빈 가슴에 차곡차곡 쌓인다

— 캘리포니아 채널아일랜드에서

Hallstatt의 산중호수 바라보며

그 가을의 호수

비취색 푸른 물가로
가을의 손끝이 맞닿아
잔잔한 물결을 일으키고
지워진 얼룩 위로
하얀 그림이 그려진다.

물에 비친 붉은 채색
사철이 단풍이지만
가을을 담은 물빛은 깊기만 하고
우수에 젖은 눈동자로
지나는 이 발길을 붙잡고 있다.

유영하는 백조들
물에 비친 숲 속에 놀다가
빨간 대문 앞에 멈칫 서더니
고개 숙여 물속으로 숨고
둥글게 퍼져나간 파문 위로
붉은 노을이 길게 걸렸다.

호숫가를 지나는 가을의 여신
맑고 향그런 몸짓으로
사르르 스치고 지나가니
수면 위에 잠든 동심
그 고요의 바다로 빠져든다.

비연非緣

언제나 먼 바다 향해
끝나지 않는 기다림
빈 들판을 지키며
이슬 맺힌 두 팔 늘인 채
동녘 햇살에 멈춰 선
빛바랜 풍차

그리워하며
사랑할 수 없는
대척점의 수레바퀴
아쉬움 속에 다가온 바람
오히려 밀쳐 보내고
뒤집힌 가슴 쓸어안고
속절없이 배회하는
좌표 잃은 나침반

그리움으로 물든
잔세스칸스의 언덕 위로
오늘도 불어와서는

외면 속에 맺지 못하고
엇갈리는 인연의 고리
청초록 하늘가로
속절없이 사라져 간
회색 바람

- ZaanseSchans에서

- 두물머리 세미원에서

낙엽

흐르는 물길 따라
떠나는 낙엽이여
서글픈 표정 감추기 위하여
그렇게도 예쁜 모습인가
사랑이여

차갑게 식어버린 인연
매정하게 끊어버리며
애써 눈물 감추기 위하여
그렇게도 붉은 얼굴인가
사랑이여

다시 돌아올 기약에
찬바람 무서리 속으로도
웃으며 떠날 수 있는
그렇게도 초탈한 표정인가
사랑이여

만추

보내는 마음
쓸쓸함이 베어나는 찬 이슬
바람에 쓸려
어디론가 날아가고
홀로 선 앙상한 나무
길게 늘어뜨린 그림자
그 가지 끝에 매달려 있는
시월의 끝자락

먼 길 찾아가는 기러기
지평선에 아른거리는
붉은 구름을 타고
억새꽃에 맺힌 속삭임도
하나 둘 날아서
찬란한 내일을 향해 떠나면
쇄골만 남은 줄기와 함께
감나무에 위태로운 홍시
황혼의 블루스를 춘다

낙엽 떨어지는 소리
사뿐히 밟고 지나가는

가을로 향한 언덕길
사랑앓이에 들뜬
청춘들의 어설픈 밀어
뒹구는 낙엽 따라 스미고
교교히 흐르는
은색 달빛에 얹혀 퍼져가는
귀뚜라미의 소야곡
가을의 아름다운 향기
폐 속 깊숙이 들어온다

억새

바람에 마구마구
머리 흔들 땐 몰랐다
하나 둘 떠나는 은빛 날개짓이 남길
빈들의 고독

오름

구름처럼 밀려오는 그리움
심장 저 아래 묻어둔 채
끝내 미치지 못한 사랑을 두고
돌아서 가는 뒤안길에
찬 바람만 휑하니 따라온다

시린 마음 한 조각
떨어져 나간
추억의 겉장 사이로
봉긋하게 감추어진 미련
오롯이 남아
잊지 않고 있음을 말한다

갈등의 생채기를 덮은
빈 자리에 조금 남은 눈물만이
가을 빛에 반짝인다

- 제주 오름 여행

단풍제에 부쳐

가슴을 토하여
일필휘지를 날린다면
이렇게 아름다운 빛깔을
표현할 수 있을까

주홍의 색채에
마법의 변신을 입히니
빛으로 피어오른
단풍의 향연
그 아름다움을
필설로 그려내려고 해서는
한 치도 다가설 수가 없다

헤어짐이 기약된
마지막 무대의 아쉬움을
한 잎 한 잎 새겨 놓은 것인지
미칠 것처럼 북받쳐 오르는
그리움의 표출인지
온 산을 저렇게 휘저으면서
빨갛게 불태워
소란 속으로 몰아넣고 있다

− 내장산의 단풍

열락의 대화를 뒤로 하고
가을바람 몰아치는 길을 따라
우박처럼 쏟아지며
자유 찾아 떠나가는
낙엽의 뒷모습 또한
꿈속처럼 아련하다

구절초

돌 틈을 비집고 올라선 구절초
환한 얼굴 쏟아지는 햇살 아래
집적대는 바람결 따라 휘청대는 허리
안쓰럽게도 보이지만
싫지 않은 표정으로
가을을 향합니다

잊고 살 수밖에 없었던
뜨거운 삶의 그림자
낙엽의 속삭임 속으로 띄어 보내고
찬이슬 내린 언덕배기
하얗게 덮으며
만추의 아쉬움을 달래고 있습니다

불타는 단풍 물결도 한숨 돌려
쉬어갈 수밖에 없는
고혹적인 그대 모습에
하나 둘 되새겨지는
지나간 이들의 이름
늘어지는 계절의 석양 아래
살포시 내려놓습니다

가을이 오고 있다

초목이 우거진 틈을 비집고
붉은 등불이 길게 널렸다.

은빛 머리 풀어 헤친 억새 무리는
불어오는 바람결에
출렁이는 여흥을 감추지 못하고
이리저리 쏘다니며
소리를 질러대고 있다.

담장 너머 고개를 내민 감
비대해진 몸으로
가지 끝에 간신히 매달린 채
찬바람 맞은 붉은 볼 축 늘어뜨려
보는 가슴 조리게 한다.

수확과 퇴행의 기로에서
마지막 열정을 불태우며
고독을 향해 걸어가야 할 그대
만찬을 마음껏 즐겨도 좋을 법한
가을이 오고 있다.

- 문경새재 과거길 모퉁이 돌며

그리움

이 길이 끝나는 곳에
가만히 기다리고 있을 것 같은
그리운 그대

그 길을 따라
하염없이 걸어서
언젠가 그대에게 다가서는 날
기다림의 열매가
달콤한 그리움임을
지난 시절엔 몰랐노라고
푸념하는 날 보게 되겠지

끝없이 늘어선
메타쉐콰이어 숲길에서
질곡 깊이 새겨진 추억 따라
시선이 향하는 그 곳
그대의 숨겨진 궁전
무딘히도 행복한 상상이
하늘하늘 떨어져 내리는데

기다림이 노을처럼 짙게 깔리고
스산한 어둠이 찾아드는
작은 신작로에는
분신 같은 낙엽이 소복이 쌓이고
그리움에 흠뻑 젖은 외침
빛살처럼 그대에게
달려갑니다

– 담양 메타쉐콰이어 길에서

두물머리

녹지 못한 그리움 쌓여
천천히 미끄러지는 협궤열차
떨치지 못한 미련 싣고
침묵의 전령처럼 내려와
길게 늘어선 골짜기를 질러
어딘지 모를 길을 따라간다

그렇게 쉬울 수는 없겠지만
아픈 마음 깊숙이 가라앉힌 채
하염없는 적적함만 흘려보내며
떠나는 아쉬움을 감출 수 없어
애꿎은 강기슭만 집적이며
이유 없는 닦달로 채근한다

쉼 없이 달려온 태백과 금강이
기다림 끝에 찾아온 만남
이방인이 하나 되어 내뿜는 숨결
푸른 물결 꿈틀거리며
떨치고 일어난 환희가 꽃 피고
석양에 은비늘 반짝이며
소원했던 어제를 보내는 어울림
두물머리 너른 마당을 밝힌다

바람이려나

내 마음 어딘가
살며시 파고 들어와
돌이킬 수 없는 흔적을 새겨 놓은
그대는 아마
바람이려나

굳게 닫힌 빗장을 해제하고
텅 빈 가슴에 불을 피워
신기루 화원을 꾸며 놓은
그대는 아마
바람이려나

한 줄기 빛을 찾아
미로 속을 헤매는 나의 발걸음
사랑의 변주곡으로 돌려세운
그대는 아마
바람이겠지

- Antelope Canyon 그 안에서

만지오의 울림

푸른 창공을 뚫고
까마득 솟아오른 종탑
한 줄기 단심으로 오르내리던
종치기의 고뇌
사백 계단에 아로새겨
나선을 타고
한 점으로 흐르고 있다

붉은 지붕 위에
사뿐이 내려 앉은 가을은
반짝이는 비늘처럼 빛나고
외로운 종루를 스치는
스산한 바람
낙엽 구르는 거리로 따라간다

은은하게 깔리는
구도의 종소리
만민의 복음을 가득 싣고
부서지는 햇살과 함께
사해로 흩어진다

- Siena Mangio에 올라

단풍

파란 바람 길게 지나간 자리
산자락 깊은 숲속에
왜냐고 한 번 물어볼 여유도 없이
휙 뿌려진 원색의 채화

부끄러워 감추었던 내면의
발가벗은 속살이
터져 나온 아우성과 뒤섞여
온 산이 미친 듯 불타오른다

붉은 물감을 뒤집어 쓴 물길도
흥에 취해 비틀거리며
돌 틈 사이를 휘적대고
고개 내민 다람쥐
놀란 눈으로 두리번거린다

무서리 곱게 내린 아침
반짝이는 햇살에 깨어난 단풍
밤새 속삭인 가슴시린 이야기
깊어가는 가을 속으로
긴 여운을 남기며 흘려보낸다

- 문경새재

산굼부리

행여나 울적해지는 날이면
산굼부리에 올라 보라

가슴 한 쪽 베어버린 듯
움푹 꺼져버린 봉우리지만
폭발 속의 아픔 고이 묻고
소담스러운 모습을 한
심원의 도피안

탄생의 고통은 아직 산재하지만
보송보송 언덕이 미끄럼을 탄다
한 가득 피어오른 억새 꽃
바람결 따라 출렁일 때
오랫동안 간직한 핏빛 기억 떠올라
비춰오는 햇빛에 온 몸 내맡기고
언덕배기를 덮고 불타오른다

청자의 대접같은 구덩이 아래
한가로이 청록이 노닐고

이끼 낀 용암에 베어나는 물방울
듣기에는 생소한 이름이지만
정겨움이 듬뿍 베어나는
산굼부리

- 5.16 도로를 지나며

어떤 얼굴

골목길 돌아
옛사랑의 기억을 더듬어
올라간 언덕 위에는
낯선 사람들 오가는 길가에
선택 받지 못한 화가의 붓 끝이
파르르 떨고 있다

어느 유랑 시인이 거닐던
마로니 그늘 아래
지나가는 사람들의 발자국 소리
헝클어진 풍경 너머로
여기저기 고개 내미는
나 아닌 나의 모습
제각기 어색한 표정 지으며
도화지 위에 남겨져 있다

스쳐 지나던 낙엽 한 장
살포시 포개져 아는 체한다

- 몽마르뜨 언덕 위에서

사색의 길

또각또각
울리는 발자국 소리
사방으로 퍼져나가고
우수에 젖은 생각의 굴레
좁은 골목을 맴돈다

자욱하게 안개 낀
사색의 늪을
끊임없이 헤쳐보지만
정리되지 않은 화두는
미로 따라 멀리 떠나버리고

담장 위에 널어 놓은
철학자의 고뇌
발 끝에 부딪히는 빗방울처럼
갈피를 잡지 못하고
이끼를 적시며 흘러내린다

- Heidelberg 철학자의 길 거닐며

겨울

발자국 찍기 좋은

하얀 도화지

몽블랑에서

하얀 가슴
포근히 받아들인
순결한 마음

하늘과 맞닿아
한계를 초월하는
사랑의 발현

몽환의
흐릿한 눈꺼풀 파고든
놀라운 미모

흔들리는 오작교
황망히 돌아선
아쉬움

겨울스케치

보오얀 안개를 뚫고
저 산을 넘어서 달려오는
계절의 종결자
한 치의 어긋남도 없이
저무는 한 해를 밀어내고 있다

희끗희끗 새어버린 대지의 순례자
스산한 바람에 날려 흩어지고
가지 끝에 위태로운 낙엽 하나
먼 길 떠날 채비에
하얀 서리 맞으며 떨고 있다

얼어붙은 태양
포근한 표정으로 사방을 비추지만
깨어나지 않은 빈터를 스치며
두터운 이불 위에
허허로운 미소만 흘려보낸다

- 황구지천 둑방길

겨울을 그리는 도화지
하얀 파스텔 가루 쏟은 위에
검은색 굵은 밑그림을 그리고
붉은 빛 사랑의 색깔로
순정어린 담채화를 만들고 있다

해 뜨는 창

수평선에
옅게 깔려 있는
그리움의 깃털이
불타오르고
남겨진 자들의 어둠이
옆으로 비켜서면
새 날의 희망이 떠 오른다

아침 해가
빨간 입술 살포시 포개어
긴 키스를 하며
재회의 기쁨을 나누고
먼 항해의 돛을 올리니
바다에 던져진 여운이
물결 위에 일렁인다

떠다니는 시선은
태양의 발자국을 따라 머물고
갈매기 높이
축포를 쏘아 올리니
뜨거운 눈동자는 꿈틀거리고
얼굴에 비치는 붉은 빛이
마냥 그냥 좋다

- 2018 성산일출봉 새해맞이

주사목

하늘 좋아하여
더 가까운 곳
산중고봉을 벗 삼아
밤새
메마른 가지 삭풍에 씻으며
깃발을 들고 섰다

세월 지키는 자리에
독야청청의 꿈만 살아서
뿜어 올리던 동맥도 멈추었는데
거친 한숨
무심한 하늘가에
기다림 살며시 내려놓고
메마른 땅거죽 위를
서성이고 있다

흰 눈 내리는 날
가지 끝에 피어나는 새 잎
훈장처럼 달고

산허리 가득 융단 펼쳐 놓은
운무의 정원을 거닐다
바람 따라 정처 없는 길
떠나려는 그리움
다소곳 돌려 세운다

가슴에 내린 눈

온 누리
하얗게 변해버린 날

느닷없이 막아서는
찬바람의 힐책에 밀려
언뜻 뛰어 나가 반기지 못하고
문틈으로 내다본다

나무는 하얀 옷
바위는 하얀 모자
지평선은 지우개로 지우고
산과 강의 경계가 무너져
사 차원의 공간만 솟아올라
눈앞에 펼쳐져 있다

살아온 과거의 흔적도
저처럼 하얀 눈으로 덮을 수 있다면
그 동안의 허물
탈출구를 찾을 수 있을 텐데

기억 속에 묶인 생채기
어둠을 벗어나지 못하고
무질서한 자국을 남기고 있다

쌓인 눈 아래 삐죽삐죽 솟아오른
말라버린 풀들의
소리 없는 외침처럼
입 안에서 맴돌다 사라지는
못다 한 회한의 넋두리
지난 시간의 트랙 위에
앙금처럼 맺혀 눈앞에 쓰러진다

흰 눈이
가슴에 소복하게 쌓인다

겨우살이

낙엽 지고
흰 눈 쌓이면
깃발을 높이 들고
앞으로 나서야 한다

더 높이
찬바람 휘몰아치는
키 큰 나무의 꼭대기
모두 떠나고 남은
외로운 자리에
산새들이라도 함께 하니
겨울도 마냥 긴 것은 아닐 것이다

폭설 쏟아지는 밤
하얗게 덧씌워진 머리 위로
바람의 노래 소리 지나고
독야청청 겨우살이
봄의 새싹을 잉태한다

- 덕유산 오르며

눈 꽃 아래

울다 지쳐
잠든 바람이 숨어든
가시덤불 위로
하얀 눈이 토닥이며
아픈 가슴 달래 준다.

바람과 함께 따라 든
굴뚝새의 꼼시락거리는 발가락
그 끝을 스치는 시린 기억
포근히 잠재우는
하얀 눈발 아래

하늬 날개짓으로 키워온
수줍은 그리움
날리는 눈송이 따라
덤불을 들치고 나와
어색한 외출을 시도하니

때 이른 오후
홀로 불 밝힌 가로등 아래
모여든 날벌레의 움직임처럼

궤도를 벗어나지 못하고
무질서하게 주위를 맴도는데

외로움에 떠는 나뭇가지
갑자기 겨울 방랑자들로 부산해지고
자작나무 사이로 쏟아지는
목화 눈송이 사이를 환히 비치며
그대의 예쁜 얼굴이 다가온다

떠난 후에

그렇게
쉽게 떠나갈 줄은
미처 생각지도 못했는데
야속한 인연은
긴 기다림을 삭제해 버리며
툭 떨어지듯 떠나가고
사라진 자리
푸른 물만 흐르고 있다

아쉬움이 얽혀 있는 후회는
봇물처럼 밀려오는데
그저
무심한 강물 위에
덩그러니 홀로 남아
외로움을 삭히고 있는
아비뇽의 다리

떠난 자리에
남아 있는
잔영에 기대어 서서
버려진 고독의 그늘 아래
황망히 흔적을 좇아 보지만
목메어 불러도

대답 없는 슬픔이여

봄꽃 어우러진 강변엔
휭하니 하늬바람만 지나가고
그대
발자국조차 지워지고 없지만
눈가에 맺힌
이슬 속에 사로잡힌
뒷모습만
끊어진 다리 위를
떠돌고 있다

– Avignon bridge에서

산

나의 삶 속에
최면의 올가미를 씌워 놓고
유혹의 손길을 그치지 않으니
오늘도 산에 잡혀와
영혼의
허전한 구석을 채운다

자작나무

겨울이 화려하게 피어난
순백의 바탕색 위로
지난 세월의 흔적이 스쳐가고
미처 고백하지 못한 말들이 남아
섬처럼 떨어져 바라보면

보고픈 마음이 찬바람에 실려
허리를 휘감아 돌 때
겨울을 넘는 깊은 산 속에
솟구치는 그리움 화살이 되어
그대에게로 날아간다

마음이 따라간 빈 자리
장승처럼 우두커니 서서
밀물 같은 허전함 속으로
숨어든 산새의 노래 소리 들으며
자작자작 그리움 모아
붉은연서를 쓴다

- 원대리 자작나무 숲에서

서리꽃

별 빛
달 빛 내려와
반짝이는 뜨락에
파란 바람 머물며
놀다 간 자리
보송보송 피어난
하얀 꽃송이

말라버린 풀잎
얼어붙은 바위 위에
은비늘 씻으며
밤의 유혹에 빠진
바람의 숨결 아래
하얀 꽃잎
눈부신 개화

가는 이슬 붙들어
가슴 깊이 심은 상고대
얼음 속 시린 기억
선명하게 각인하여
음각의 판화에 새긴

겨울밤의 추상화
칼 날 위를 떠돌다
숙명처럼 돌아와
여백을 타고 젖어드는
그리움은
어떡하라고

겨울을 기다리다

깃털처럼 날아와
다가설 땐
미처 알지 못한 사랑
사슬되어 온 몸을 휘감아
열병으로 번지는 사이
뿌리치지 못할 굴레
앙금으로 남았다

산마루 녹이는
뜨거운 가슴으로
서로의 흔적을 탐닉하며
얼어 붙은 그리움조차
푸른 잔설 사이에 묻어 놓고

찬 바람 속
고통의 담금질 아래
영롱한 가슴 속 별눈 되어
점점이
지난 세월 되새긴다

- 한라산의 겨울나기

헤어진다는 것

가는 발길
행여나 종종걸음
보내는 마음
찰나의 순간이 아쉬워
바라보는 눈망울
이슬만 가득

사랑하는 이여
그리움만 가득 풀어 놓고
시린 가슴 움켜쥐고
뒤돌아 선 이별
하이얀 추억의 그림자
여기 있는데

간다는 말 한 마디
내뱉지 못한 채
목메어 부르는 소리
물 속 깊이 녹아들고

- 외돌개 바라보며

푸른 물결이 쓸어간 이별가마저
아
정녕 떠나가는 그대 발끝에
철썩이는 물결 소리

새해맞이

아침이 열리고
하늘이 어둠을 걷어내며
붉은 서광에 물들어
한 해의 시작을 알린다

희망이 넘실대는 바다 위로
가장 순결한 모습의 태양
수평선과 입맞춤으로 깨어나면
환호와 감격

세상을 비추는
그 동그란 얼굴 속으로
넋을 잃고 빨려 들어가는
사람들의 탄성

정성 담아 맞이하는
빛줄기 향해
한 결 같이 바라는 꿈들이
금빛 날개를 타고 올라 가
모두 다 이루어지기를

- 2017 원단 정동진에서

겨울나무

찬 바람 불어오니
뿔뿔이 흩어지는 분신들
하나 둘 떠나보내고
멍하니 빈 가슴에
시꺼먼 깡탱이만 남은
겨울 나무

휘몰아치는 눈보라가
귓전을 때리고
지저귀던 산새마저
숨을 곳을 찾아 허둥대는
낯선 하늘 아래
나 홀로 지키고 서서

지친
동토의 어둠 걷히고
온 누리 생명의 물줄기
솟아오르는 봄날을
손꼽아 기다린다

- 내장산 고개마루 지나며

원형극장

천 년의 세월이 흘러도
하던 행위는 계속 되고 있다
입 맛은 바뀌었지만
여기 모여서
놀이를 즐기기도 하고
사상의 토론에 빠지기도 한다

둥글게 늘어선 객석을 따라서
쉬지 않고 새겨지는 흔적
역사의 수레바퀴는
전통과 미래가 공존하며
돌아가는 가운데
오늘도 날이 저문다

내일은
또 다른 만남의 굴레

– Arena in Verona

시래기

응달진 처마 아래
시래기가 빨래줄에 널려 있다

성하의 계절을 물리고
이슬을 단비 삼아
무럭무럭 키워온 푸른 이상
실토란 같은 뿌리에 담아
항아리 속으로 떠나보내고

찬바람 부는 그늘을 지키며
얼었다 풀렸다를 반복하며
깡마른 줄기 속에 영양과
고향의 맛을 심는다

어느 아침

가만이 내게로 다가온 그대
그 때는 몰랐습니다
그것이 사랑의 향기인 줄을

쏟아질 듯
가슴이 미어지는 응어리
그때는 몰랐습니다
그것이 그리움이라는 것을

세상을 하얗게 덮고 있는
저 눈 아래
그대의 포근한
기다림이 숨어있는 것을 안 것은
한참 후의 일입니다

청노루 찍고 간 발자국이
왜 한 줄로 쭉 이어져 있는지
그것이
그대의 손짓임을
이제야 알아가는 중입니다

순백의 그리움을 안고 사는
그대는
언제나 내가 걸어가는 길에
새하얀 꽃을 뿌리는
영원한 사랑의 화신입니다

눈꽃세상

긴 밤이 산마루에
어둠의 자락을 끌어가고
여명 깔린 모퉁이로
백설 뿌린 오솔길이 나타나면
길 따라 올라온 찬바람
온 산 가득
수정 이불을 덮는다

햇살마저 얼어붙은
은빛 물결 위로
푸른 바람이 지나치며
기다림의 가지 끝에 다가가선
더운 입김으로도
표현하지 못하고 메어 놓은
무언의 메시지

하얀 솜털 아래 숨죽인 시간
송이송이 순결의 꽃
가슴에 다가와 녹아들며
한겨울 산 위를 배회하는
화원의 방랑자

이렇게 아름다운모습으로
대지를 뒤덮으며 다가와
잠자고 있는
꿈속의 그리움을 불러낸다

- 소백산 연화봉

천태산 은행나무

임 기다리는 언덕맞이에
황금 융단 넓게 깔고
한 올 한 올 엮어가는 마디마다
지난 역사의 뒤안길을 되새기며
저미는 가슴 눈물로 덮습니다

아픈 상흔 지워가며
실낱같은 추억의 그림자
하나 둘 흩날릴 때
친구처럼 다가와
깊어가는 가을 속으로
멀어져 간 바람이여

별 빛 쏟아지는 밤
타는 그리움
저 하늘로 피어오를 때
남겨진 인연의 그림자 돌아보며
천태산 기슭을 서성입니다

눈꽃 따라

기척도 없이 쏟아지는 눈
소복소복 장독대 위에서
아린 가슴 포근히 덮어가고
외로움의 절규에 휩싸인 채
대책 없이 언덕길에 홀로 선 나목
하얀 눈물에 씻겨 내려갑니다

굴뚝 위에 몽글몽글 피어오른 연기
허공으로 흩어져 가는 모습
물끄러미 좇아가다 흔적마저 놓치고
따라가지 못한 아쉬움으로
시린 바람맞이에 버티고 서서
얼어붙은 마음이나마
먼 하늘 끝으로 띄우고 있습니다

송이송이 눈꽃에 갇힌 별빛 추억
깨어질세라 살포시 얹어 놓고
뒤돌아 선 미련의 끄트머리
우수어린 그대 얼굴이 겹쳐져 오면
지우지 못한 그리움의 짙은 그림자
밤을 환히 밝히며 내려옵니다

겨울 아침

서리 맞은 별 빛
졸음 겨운 눈으로 산등성이에 기대고
잔개비 삐딱하게 그린 수묵화 뒤로
새파란 여명이 움츠리고 섰다

앞 들 논길 위엔 부서진 달빛
푸른 수정가루 뿌려 놓은 듯 반짝이고
집 나선 삽살개 두 줄 발자국을 남기며
어딘지 모를 길을 기웃거린다

기나긴 여정의 한 가운데 눌러 앉은 겨울은
깊은 잠에 빠져 미동조차 없는데
하얀 이불만 달싹이며 숨결 뿜는
얼어붙은 땅거죽에 깊은 주름 잡힌다

쉼 없는 물길이 바닥 파는 작은 개울가
막 깨어난 햇살 받으며 마른 낙엽 뒹굴고
얼음 아래에서 전해오는 생명의 온기 느끼며
차가운 시련의 하루를 또 들어낸다

- 제부도 끄트머리에서

북위 60도

어둠이
투명한 얼음 아래 스미고
물결조차 잠적하며
반항해 보지만
이내 검은 바다가 살포시 안고가
깊은 바닥에 내려 놓는다

찬 이슬 머금고 불어오는
해풍에 맞선 선창에
무언가 아쉬움을 찾아 나서니
저문 하늘에 갈매기 울음소리
흩날리는 빗방울에 젖어
떨어지는 석양을 따라간다

을씨년스럽게 떨어지는 빗방울
차가움에 옷깃 여미며
한 조각 햇볕을 기다려 보지만
무거운 구름만
점점이 흩어진 섬들 사이로
흘러간다

- Stockholm에서

발자국

인쇄일 2018년 7월 12일
발행일 2018년 7월 20일

지은이 정원석
펴낸이 박철수
펴낸곳 도서출판 해암

등록번호 제325-2001-000007호
주소 부산시 중구 백산길 17 삼성빌딩 702호
전화 051)254-2260, 2261
팩스 051)246-1895
메일 haeambook@daum.net

ISBN 978-89-6649-144-5 03810

값 20,000원

글 · 사진 ⓒ 정원석, 2018

*이 도서의 국립중앙도서관 출판예정도서목록(CIP)은 서지정보유통지원시스템 홈페이지
 (http://seoji.nl.go.kr)와 국가자료공동목록시스템(http://www.nl.go.kr/kolisnet)에서
 이용하실 수 있습니다. (CIP제어번호 : CIP2018021297)